FENG SHUI

Secretos del Viento y Agua

Como Obtener
Dinero - Amor
Y
Felicidad

National Library of Canada Cataloguing in Publication Data

Chaves, Vera
       Feng shui : the Spanish language guide to a better life / Vera Chaves ;
Maria Salazar, translation ; Tatui, computer guru ; Bob, mentor.
Text in Spanish.
ISBN 1-4120-0758-5
       I. Salazar, Maria   II. Title.
BF1779.F4C43 2003   133.3'337   C2003-903836-X

TRAFFORD

This book was published *on-demand* in cooperation with Trafford Publishing.
On-demand publishing is a unique process and service of making a book available for retail sale to the public taking advantage of on-demand manufacturing and Internet marketing. **On-demand publishing** includes promotions, retail sales, manufacturing, order fulfilment, accounting and collecting royalties on behalf of the author.

Suite 6E, 2333 Government St., Victoria, B.C. V8T 4P4, CANADA

Phone	250-383-6864	Toll-free	1-888-232-4444 (Canada & US)
Fax	250-383-6804	E-mail	sales@trafford.com
Web site	www.trafford.com	TRAFFORD PUBLISHING IS A DIVISION OF TRAFFORD HOLDINGS LTD.

Trafford Catalogue #03-1126   www.trafford.com/robots/03-1126.html

10   9   8   7   6   5   4   3   2   1

Feng Shui

Decoración de Interiores

Feng = El Viento

Shui = El Agua

Los factores invisibles para obtener el bienestar

Cuando usted decide a usar el Feng Shui a su casa o negocio, usted está diciendo al Universo de su intención de entender más sobre usted, su vida y su carrera.

Usted está diciendo—que yo estoy cansado de mi vida de la manera que es, y yo estoy listo para hacer un cambio—

"Muchas de las teorías del Feng Shui se basan en la
Naturaleza e intentan reflejar en los interiores la
Belleza y perfección del plano original de la casa de
Dios...el medio ambiente de nuestro mundo"

Feng = El Viento

Shui = El Agua

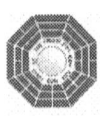

DEDICACION

Feng = El Viento

Shui = El Agua

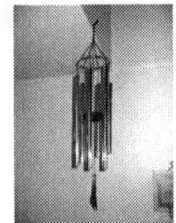

Feng = El Viento

Shui = El Agua

Feng = El Viento

Shui = El Agua

Para
La iluminación
De mi madre...
Que allá
Por donde pasa
Ilumina el camino.

Kelston, Glauco
y
Mayra

Hijos y Amigos

Dedicado a mis clientes y amigos

Abra su puerta, para que el universo le traiga:

"Un hábitat pleno de armonía y equilibrio".

Feng = El Viento

Shui = El Agua

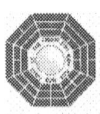

Feng Shui Introducion

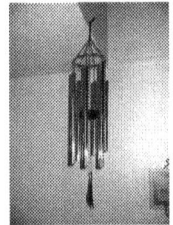

Feng = El Viento

Shui = El Agua

Feng = El Viento

Shui = El Agua

CONTENIDO DEL MANUAL:

EL FENG SHUI

No es una Religión.

Es un arte milenario que busca la armonía entre el ser humano y el entorno arquitectónico que lo rodea.

EL FENG SHUI

Es una disciplina compleja que usa los elementos, formas, colores, objetos y decoración para equilibrar el tiempo, el espacio y el ambiente con sus usuarios.

El FENG SHUI

Puede aplicarse a una casa, un departamento, un local comercial, una oficina, o cualquier otro ambiente o vivienda.

Introducción

Traer la prosperidad a la casa y al trabajo es una de las cosas que más deseamos como seres humanos. Es necesario evaluar nuestros objetivos en la vida y, si descubrimos que estamos uno poco lejos de nuestras metas originales, debemos, a través de la meditación y, principalmente, con la reorganización de nuestra vida, volver a buscar el camino escogido.

Para realizar esta evaluación, debemos observar la atmósfera de nuestra casa y del trabajo. Feng Shui enseña que nuestra vida externa no es nada más que el reflejo de nuestro interior. Las soluciones que el Feng Shui nos brinda pueden resolver los problemas relacionados con el hogar y las personas que en él viven.

El Feng Shui consiste en un sistema chino para organizar la atmósfera que nos rodea, de manera que se cree un ambiente donde se pueda vivir en mayor armonía. En esta técnica, el uso del Baguá, un mapa de forma octagonal, originaria del I Ching, El Libro de las Transmutaciones, es fundamental. Cada una de las ocho casas del Baguá corresponden a diferentes áreas de nuestras vidas: el trabajo; la espiritualidad; los amigos y los viajes; la creatividad y los hijos; las relaciones; el éxito; la prosperidad; y la familia y la salud.

Todos nosotros desarrollamos hábitos con el pasar de los años. Muchas veces nos sentimos cómodos con ellos, ya que son nuestra única experiencia en la vida.

Si usted se siente bien de la forma en que vive, sería un error cambiarla. Pero si en su vida hay algún objetivo que todavía no alcanzó o algo que desearía cambiar, sepa que Feng Shui lo ayudará en esta conquista.

El Feng Shui no es un sistema desarrollado por una sola persona, sino por varios siglos de tradiciones acumuladas. Este manual tiene la finalidad de colaborar con la difusión de este arte-ciencia y orientarle en su correcta aplicación, para ayudarle a lograr una mejor calidad de vida. En las páginas siguientes, usted conocerá las reglas básicas del Feng Shui, y se irá acercando, con mayor profundidad, al verdadero conocimiento de este maravilloso arte-ciencia chino. Este libro también representa el casamiento entre el Feng Shui y la metafísica e intuición.

Con el Feng Shui y los principios de la decoración de

interiores se puede lograr un ambiente de

equilibrio armonioso.

Qué es el Feng Shui

Feng Shui, "el viento y el agua", es el arte de centralizar armónicamente al individuo dentro de la naturaleza. En este arte tradicional, todo lo que sea construcción, hábitat, distribución de las habitaciones en la casa, etc., es diseñado, instalado y decorado en función del equilibrio de la energía. Si el lugar en que vivimos tiene un "buen" Feng Shui, aseguramos así que el dinero, la salud y el amor lleguen a nuestras vidas, trayéndonos suerte y felicidad.

El Feng Shui, que se pronuncia "fang shuei", es una tradición filosófica que tiene mas de cinco mil años y está basada en el arte-ciencia de la geomancia y del posicionamiento de los objetos.

Feng Shui es el estudio de la energía: se trata de la relación entre los seres humanos y su medio ambiente, y de cómo todo afecta a nuestro bienestar por estar interconectado.

Desde la revolución científica, en los últimos 50 años ciertas tecnologías han contaminado nuestro medio ambiente, nuestra salud y nuestros estados de ánimo y de espíritu.

El hombre transformó su universo por medio de la tecnología y la polución, introduciendo campos magnéticos que electrificaron la Tierra y desincronizaron sus ciclos naturales. Los problemas que surgen de este desequilibrio se reflejan en el comportamiento humano y se encuentran ilustrados en las estadísticas, cada vez mayores, de crímenes, violencia, divorcios, problemas de consumo de drogas, salud etc.

Ante este gran desequilibrio, la importancia del Feng Shui, como una filosofía aceptada y reconocida mundialmente, que busca la armonía entre el ser humano y su medio, es incalculable.

¡Cambie su casa, y cambie su vida!

Este arte-ciencia milenario le enseña cómo acomodar los muebles y objetos de su casa para mejorar la energía del hogar. Con Feng Shui usted podrá realizar cambios dramáticos en su vida y lograr mejoramientos en la <u>salud</u>, las <u>finazas</u> y las <u>relaciones</u>.

Una vez que usted determine sus metas y prioridades personales para mejorar la armonía

familiar y triunfar en su negocio, podrá poner el
<u>Feng Shui a trabajar especialmente para usted</u>.

Todo material vibra. Los chinos asignan la palabra
Ch'i a esta vibración. Esta energía
electromagnética invisible emite de los objetos
de cualquier forma y tamaño, en padrones
particulares. Esta energía invisible, o sea, esta
vibración, siempre está presente en todas las
formas de vida.

Uno puede llenarse de esta filosofía,

De este arte de vivir, simplemente admirando

Las pinturas de los chinos.

La serenidad que se desprende de ellas

Es debida al hecho de que la naturaleza y el hombre

Están representados por un ideal FENG SHUI.

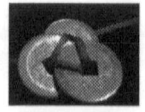

**PROBLEMAS / SOLUCIONES
EL LUGAR QUE OCUPAMOS**

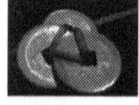

EN EL UNIVERSO

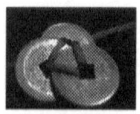

Para corregir un problema de Feng Shui se puede, por ejemplo, plantar árboles que protegerán a la casa, o bien construir

Una presa de agua, "yin", o alguna cosa que recuerde agua para contrabalancear un sitio demasiado "yang". Bajo esta misma perspectiva, el mobiliario y los colores utilizados en la decoración deben ser seleccionados en función del Feng Shui.

¿Hay en su casa una habitación, un espacio o sitio que parece siempre atraer a la gente y donde a todos les gusta estar? ¿Hay un área que parecía muy acogedora cuando ocupó la vivienda, pero que ahora ya no es ni cómoda, ni utilizada? ¿Está usted prosperando, o el dinero sale en lugar de entrar? Es posible resolver todas estas situaciones aprovechando el arte y la ciencia de los fundamentos del antiguo Feng Shui.

La comprensión del Feng Shui es una bendición que dura toda la vida

Nosotros somos el producto de nuestros propios ambientes

El lugar que ocupamos en el universo

El lugar que ocupamos en el universo depende de la relación entre nuestras energías personales y las energías que moldean la naturaleza y el medio ambiente. Nuestras acciones deben mantener el equilibrio entre el hombre y la naturaleza para que podamos vivir en armonía con ésta. La filosofía china, en su infinita sabiduría, nos enseña que somos el reflejo y el producto del medio ambiente en que vivimos. Debemos preservarlo, de manera que éste nos retribuya con su excelencia. El Feng Shui nos enseña el camino para armonizar la energía propia y única de cada uno con las leyes de la naturaleza. Al conocernos mejor y entender nuestro propósito individual en la vida, aprendemos a manejar nuestros problemas con mayor eficiencia, permitiéndonos vivir un potencial óptimo.

CHERNOBYL

La historia siguiente es un ejemplo de las posibles consecuencias que puede tener el ignorar la energía invisible del pasado.

Durante la Segunda Guerra Mundial, en Rusia, una bomba lanzada por los Aliados cayó sobre un orfanato, terminando instantáneamente con las vidas de cientos de niños inocentes. Siguiendo este evento trágico, el espacio nunca fue "limpio", y ninguna religión realizó ningún tipo de ritual para librar el área de la presencia de los espíritus o energías presas en el mundo de la vibración. Años después, el gobierno usó ese mismo espacio para construir una estructura muy importante que proporcionaría electricidad a la región.

... Un sitio conocido por el nombre de Chernobyl.

Feng = El Viento

Shui = El Agua

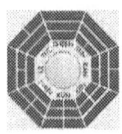

EL MAPA DE BAGUA
LOS OCHO TRIGRAMAS

Feng = El Viento

Shui = El Agua

Feng = El Viento

Shui = El Agua

El Mapa Baguá

El Bagua es un octágono dividido en ocho secciones. Representa una familia entera: el padre, la madre, el hijo mayor, la hija mayor, etc. También representa los ocho bloques de su "carrera de vida": los niños, la reputación, las personas útiles, la riqueza, el amor, la salud, su carrera, y la sabiduría. Normalmente, el Bagua es utilizado en China como talismán, y se pone en los marcos de las puertas y ventanas para que ahuyente a los malos espíritus y la mala suerte. Uno dos los aspectos más importantes del Feng Shui es el uso del Mapa de Bagua. Este "mapa" conecta el plan de su casa a las bendiciones y los tesoros de la vida.

Muchas personas han solucionado algunos de los problemas más difíciles de sus vidas gracias al uso de este mapa en sus casas.

Riqueza, Fama Reputación, Todas las Relaciones, Creatividad Niños, Amigos Viajes, Carrera, Conocimiento Espiritualidad, Familia

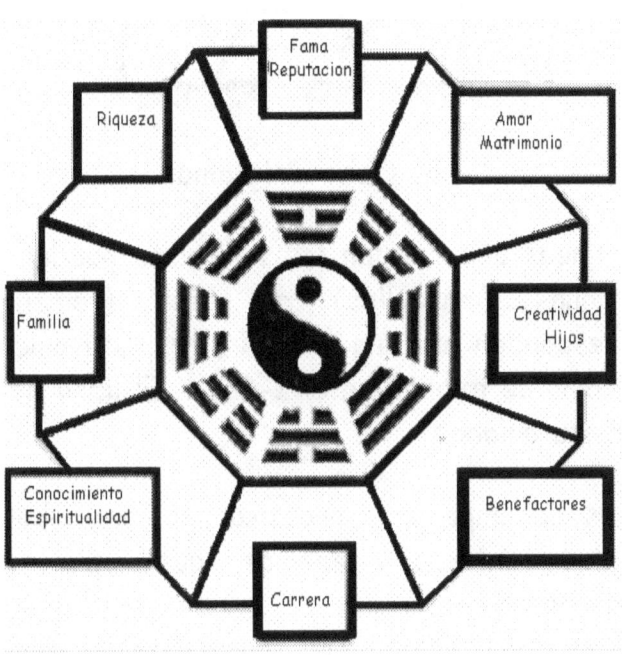

El Bagua

Los Ocho Trigramas

Las líneas que forman los trigramas pueden ser continuas (masculino) o rotas (femenino). Corresponden al Yang y al Yin, respectivamente, tal como se explica en el I-Ching, El libro de las transmutaciones.

Antes de empezar a practicar el Feng Shui en nuestro entorno, tenemos que aplicar el importante
"Mapa del Bagua", que representa la energía sagrada, y contempla todas las diferentes áreas de nuestras vidas.

Los ocho lados del Bagua representan los ocho sectores específicos de nuestra vida: Carrera — Conocimiento — Familia — Riqueza — Fama y reputación — Relaciones y Amor — Creatividad — Benefactores — junto con el área central del octágono, que representa la Salud y los <u>demás aspectos de nuestra vida.</u>

Las nueve áreas del Bagua son:

<u>La Carrera</u>: Este área se refiere no sólo a su trabajo, sino también a la situación actual en que se encuentra en la vida.

<u>El Conocimiento</u>: Este área representa el aprendizaje o el estudio.

<u>La Familia</u>: Este área representa la salud física y emocional. Representa la familia más cercana y los amigos más íntimos.

<u>La Riqueza</u>: Este área representa el dinero y todo aquello que le haga sentirse afortunado.

<u>La Fama/Reputación</u>: Este área representa la manera como el mundo le ve a Usted.

Las Relaciones/Amor: Este área representa todas las relaciones personales y los amigos en general.

La Creatividad: Este área representa a los niños y todo aquello que sea creativo.

Benefactores: Representa las relaciones con personas que no son de nuestro entorno íntimo, pero que nos sirven de ayuda, como un mentor, un cura, un guía espiritual, o incluso un extraño que haya cruzado nuestro camino y que nos haya servido de ayuda.

El Centro: Armoniza todas las demás áreas.

El método de aplicación del Bagua

El Mapa del Bagua se aplica sobre el plano de la casa en su totalidad, o bien a cada habitación, local y oficina donde queramos practicar el Feng Shui.

Lo primero que tenemos que hacer es estudiar la estructura básica de nuestra casa. La forma del plano determina el "Chi" (energía) de la misma.

El método para aplicar el Bagua a una propiedad, edificio o habitación es bastante sencillo y se llama "Bagua de Tres Puertas". Primero, hay que identificar la entrada principal. A continuación, hay que superponer la puerta de entrada con el octágono del Bagua, haciendo que ésta quede en línea recta con uno de los lados que representan la Carrera, el Conocimiento, o Los Benefactores, dependiendo de la posición de la entrada (ninguna entrada es mejor que las otras).

Ejemplo:
Si la puerta de entrada de una habitación esta ubicada en el Centro, de la pared, la posición del Bagua sobre el plano de la habitación debe estar paralela y a frente con el lado del octágono que corresponde a la Carrera. Pero si la puerta si encuentra a la izquierda el lado del Conocimiento estaría a frente in ángulo. Una entrada que si encuentra a la derecha el lado de Los Benefactores estaría a frente también en ángulo.
De toda manera el Bagua deberá siempre estar con el lado del Carrera paralelo con la puerta.
Después di posicionar el Bagua como indicado arriba, el área de la Riqueza siempre se encuentra en la esquina izquierda del fondo de la habitación.
El área de las Relaciones está en la esquina derecha del fondo, y el área de la Fama

(reputación) se encuentra entre las Riquezas y las Relaciones, en el centro de la pared opuesta a la puerta de entrada. El área de la Familia está en el centro de la pared izquierda, y la Creatividad en el medio de la pared derecha.

Hay cuatro formas básicas para el plano de una casa o habitación: cuadrada, rectangular (estas dos son las mejores), en forma de "L" y en forma de "U".

En el Feng Shui la forma ideal que siempre se busca es la de un cuadrado o rectángulo. Si la casa tiene forma de "U" o de "L", habrá que hacer algunos ajustes. Es posible que usted no esté experimentando plenamente algunas áreas de su vida. La meta del Feng Shui es devolverle el equilibrio y la armonía, y una de las maneras de conseguirlo es "llenando" las partes que estén faltando para completar este cuadrado o rectángulo. El Mapa del Bagua del Feng Shui le mostrará cómo las áreas que faltan en su casa están relacionadas con las oportunidades que faltan en su vida.

Para ajustar un Bagua incompleto, se pueden emplear cualquiera de los objetos listados en las **Nueve Curas Básicas a continuación:**

1. - **Objetos brillantes y luces**: Cuanto más brillantes, mejor. Bolas de cristal artificiales, redondas o con caras: hay que colgarlas de una cuerda roja y las dimensiones deben ser siempre múltiples de 9 pulgadas (9", 18", 27", etc.).

2. - **Sonidos**: Las campanas de viento producen un flujo moderado de Chi, equilibrando la energía. Las cortinas actúan como divisoras y defensoras de energía. Los espejos se pueden usar de diferentes maneras: los convexos agrandan áreas estrechas y los cóncavos dan la vuelta a imágenes opresivas. Los espejos ayudan también a la entrada de dinero. Otros ejemplos son alarmas, música, discos de meditación, etc.

3. - **Objetos vivos**: Representan la Fuerza de la Vida. Las plantas, flores, peceras, pájaros, bonsais, animales domésticos, etc., simbolizan la naturaleza, la vida y el crecimiento. A la vez que las plantas y otros objetos vivos crecen, así también lo hacen los residentes de una casa. Las plantas artificiales también sirven porque ayudan a resolver los diseños no balanceados.

4. - **Objetos en movimiento**: Disuelven el Chi Negativo Disperso. Campanas de viento, banderas, calcetines de viento, cometas, etc... Crean Chi

activo y positivo, y favorecen la entrada del dinero.

5.- **Objetos pesados**: Piedras, estatuas, rocas, recipientes grandes, etc., situados adecuadamente ayudan a estabilizar el ambiente. También ayudan a conservar el trabajo y la unión de la pareja.

6. - **Objetos eléctricos**: Una caja registradora en el área de las Riquezas y de la Carrera ayuda a generar ganancias. También se pueden utilizar una TV, Juke Box, Radio, etc., los cuales generan Chi para crear oportunidades y ganancias.

7. - **Agua**: Es importante para la circulación de Chi y la activación de las riquezas. Algunos ejemplos son las fuentes de interior o de exterior, vistas del mar o de lagos, peceras con peces dorados, vasos o recipientes con agua, etc.

8. - **Colores**: Los colores del Bagua son el rojo, rosa, blanco, gris, negro, azul, verde, violeta y amarillo.
Los colores vibrantes -rojo, amarillo, naranja y negro- aumentan el Chi. Los *colores pasteles* -rosa, verde, celeste- suavizan y conservan el Chi existente.

9- **Otros**: Flautas de Bambú: liberan el Chi opresivo.

Curas personales e individuales:

Espejos: Son las aspirinas del Feng Shui. Los espejos pueden curar muchos problemas, tanto interiores como exteriores de la habitación, [cambiando la energía o protegiéndonos]

Flautas: Son símbolos de paz, seguridad, y estabilidad. Levantan el Chi (energía). Simbolizan una protección a espada. Es bueno tocar una flauta para dar fuerza a una casa con poca energía y animar a los residentes.

Feng = El Viento

Shui = El Agua

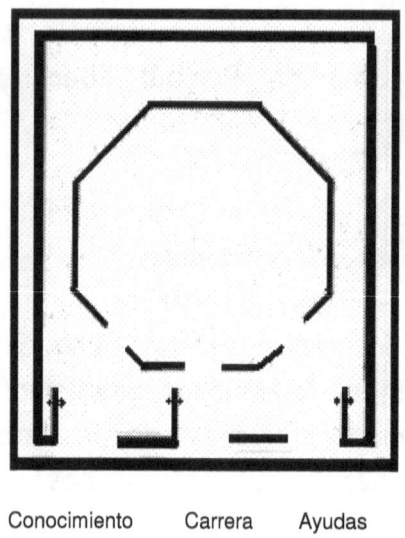

Conocimiento   Carrera   Ayudas

La Puerta de Entrada

Aplique el Mapa del Bagua con las áreas de Conocimiento, la Carrera y las Ayudas posicionadas a lo largo de la pared donde está la puerta. En la porción sí hache lo mismo en cada cuarto, en la oficina, y donde si necesitar una corrección.

Las otras seis áreas se completarán a seguir.

Simplificando

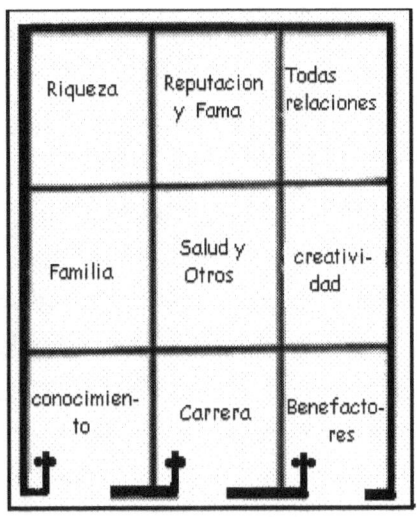

Riqueza	Reputacion y Fama	Todas relaciones
Familia	Salud y Otros	creativi-dad
conocimien-to	Carrera	Benefacto-res

Conocimiento   **Carrera**   **Amigos**

La Puerta de Entrada

Este dibujo ilustra cómo las diferentes áreas de su casa se relacionan con diferentes áreas de su vida.

Cada uno de Los Ocho Trigramas del Bagua si llama uno Gua.

A seguir algunos ejemplos para mejorar cada Gua:

☯Algunas situaciones cuando usted mejoraría
 El Gua de la Carrera
Cuando quiera saber que es lo que debe hacer con su vida.
Cuándo usted quiere un trabajo nuevo.
Cuándo quiera ganar más dinero en el negocio.
Aplicar "Feng Shui" apropiadamente en este "Gua" hará que usted encuentre el camino hacia una menor resistencia a sus propósitos. Coloque algo que represente el agua: Conchitas de la playa, un florero, una pecera, una fuente, o incluso una foto que muestre el elemento agua.
La mejor elección de color: Negro
Otras elecciones de color apropiadas: Azul, Blanco
Mejor elección de elemento: Agua
Otro bueno elemento: Metal

☯Algunas situaciones cuando usted mejoraría **el Gua del Conocimiento**
Cuando quiera tomar mejores decisiones en cualquier situación...

Cuando quiera tomar mejores y mayores decisiones en su vida.
Cuando quiera ganar más sabiduría
Lo mejor de este "Gua" es que afecta a los otros.
Si lo que usted esta buscando es amor, el "Gua de la sabiduría" le puede ayudar a saber como atraer a la persona apropiada.
La mejor elección de color: Azul
Otras buenas elecciones de color: Negro, Verde
Mejor elección de elemento: Tierra

Algunas situaciones en las que le puede mejorar **El Gua del Familia:**
Crear el escenario ideal para mejorar el "Gua de la Familia" es fácil. Debido a que su elemento es la Madera, basta simplemente colocar fotos de amigos y familia en marcos de madera, en este Gua. Este puede también ayudarle a que le traten con respeto; su familia, jefe y amigos.
Mejor elección de color: Verde
Otras buenas elecciones de color: Negro, Azul
Elemento: Madera
Otro buen elemento: Agua

Algunas situaciones cuando usted mejoraría **El Gua de la Riqueza**

Cuando necesite más dinero para algo especifico.
Cuando usted gane buen dinero, pero parece que se va tan rápido como llega.
Si es dinero lo que usted quiere, entonces es dinero lo que usted va a conseguir, si aplica el "Gua de la Fortuna" de forma apropiada en su casa, u oficina, incluso en su mesa de trabajo.
La mejor elección del Color: Púrpuras
Otra opción Buenas del Color: Rojo, y el Oro
Elemento: Madera, y el Agua

Algunas situaciones cuando usted mejoraría, el
Gua de la Fama y La Reputación
Cuando quiera que se le conozca bien por algo.
Cuando quiera conseguir mayor respeto de la gente.
Cuando quiera conseguir el crédito que se merece
Este "Gua" es también sobre el poder. Note como un juez, líder político, rey, sacerdote, orador, etc. Si colocan en esta parte de la habitación. Este es el lugar que puede hacer que se recibe o estropee el poder que emana.
Mejor elección de color: Rojo
Otras buenas elecciones de color: Verde
Buena elección de elemento: Fuego
Otra buena elección de elemento: Madera

☯Algunas situaciones en las que es conveniente aplicar el **"Gua de las Relaciones"**:

Cuando lo que este buscando sea amor.

Cuando lo que quiera es consolidar una relación.

Cuando lo que quiera mejorar la relación entre usted y otra persona.

Este es el "Gua" encargado de mantener sus relaciones en plena forma. Así que si lo que quiere es mejorar una relación que ya existe, entonces concéntrese en esta parte de su casa y ponga manos a la obra!!

Algunos de mis símbolos favoritos para este "Gua" son pares de cosas, y objetos con corazones, velas rosas y una planta con flores rojas en una maceta.

Mejor elección de Color: Rosa

Otras buenas elecciones de color: Rojo, blanco

Buena elección de elemento: Tierra y Fuego

☯Algunas situaciones en las que se puede aplicar el **"Gua de la Creatividad"**:

Cuando usted sienta la necesidad de tener más creatividad en la forma que hace las cosas.

Cuando se quiera sentir mas joven.

Cuando tenga algún problema con sus hijos.

¿Recuerda cuando usted era un niño y pensaba que todo era posible? ¿Bueno, adivine que? Tenía razón. Así que para ayudarle a volver a ese estado mental, debe hacer los cambios necesarios en este Gua de la casa.

No tiene que ser una tarea complicada. Puede ser tan simple como colocar una obra de arte de metal, o móvil, en el espacio, para hacer el truco.

Mejor elección de color: Blanco

Mejor elección de elemento: Metal

Otras buenas elecciones de elemento: Tierra

Algunas situaciones en la que puede mejorar su **Gua de los Benefactores**:

Cuando sienta que si usted no lo hace, no se hará.

Cuando se mude o viaje.

Cuando este "Gua" esta funcionando, usted encontrara las personas adecuadas, cuando las necesite.

Como cura en esta área, me gustaría sugerirle que colocara una cajita gris o plateada, en la misma.

Yo uso esta cajita para guardar notas en las que escribo agradecimientos u oraciones, para que se cumpla algo específico que necesito.

Mejor elección de color: Plata, Gris

Otras buenas elecciones de color: Blanco, Negro

Buena elección de elemento: Metal, Agua

Feng = El Viento

Shui = El Agua

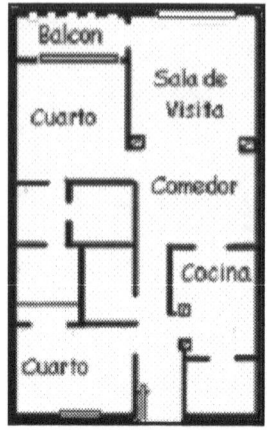 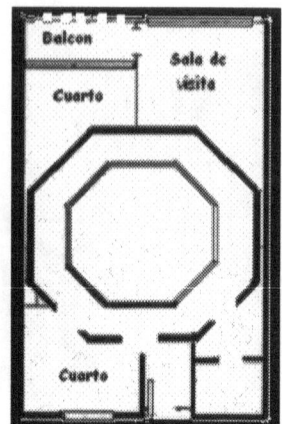

El plano de la casa con la aplicación del Bagua.

Nota dónde está cada cuarto cuando usted hace su Plan.

Formas Irregulares

Muchas veces, una casa o habitación no tiene forma cuadrada o rectangular.

Así mismo:

1 - Encuadre el Bagua con la pared que contiene la puerta delantera real de la casa o la entrada principal del cuarto.
2 - Si la forma de un edificio tiene muchos ángulos o es sumamente compleja, usted puede aplicar el Bagua a cada cuarto individualmente.

Ejemplos

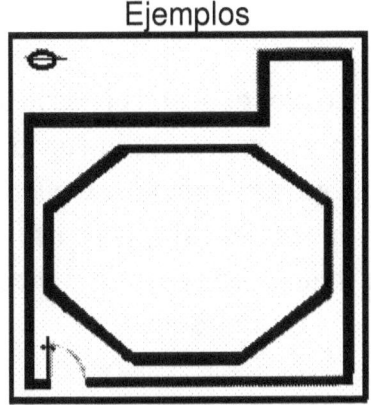

En este caso, el área de las relaciones (rincón superior derecho) está fuera del Bagua. Cuando la parte externa es muy pequeña, nosotros consideráramos el Gua que ay se encuentra en una posición muy positiva. Para equilibrar el Bagua, se puede colocar un foco de luz o una planta.

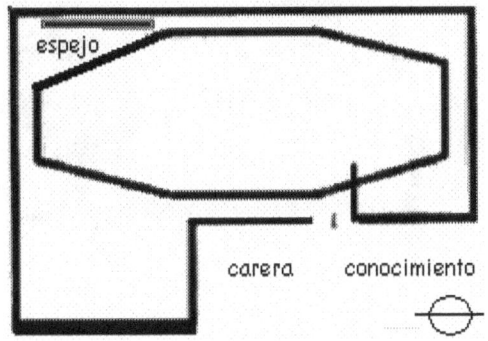

En este ejemplo, el área correspondiente al Conocimiento y carrera están fuera del Bagua. Para corregir este problema, se puede colgar un espejo en la pared opuesta, para así lograr traer esta área, a través de su reflejo, hacia adentro del Bagua.

Otros Ejemplos

Problema

Solución

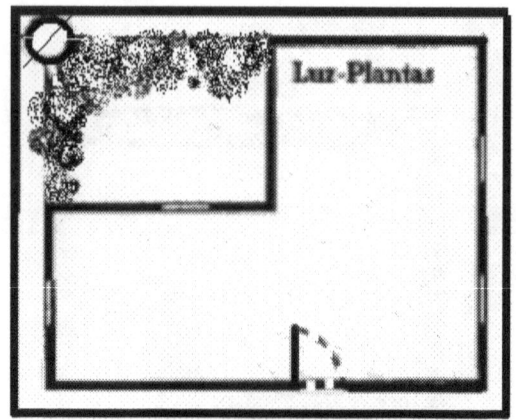

Problema y solución

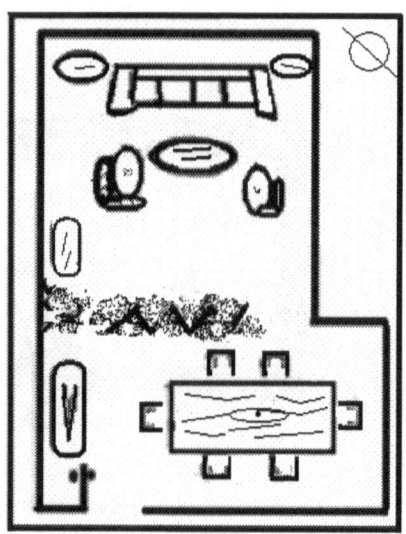

Solución – hacer una separación entre las dos salas

Afuera – instalar una luz

Solución

Completar el cuadrado o rectángulo

Con luminaria o plantas.

Solución para un vestíbulo pequeño:

Un espejo y una planta, La cual representa la

fuerza de la vida

Un vestíbulo

Y una sala después das

Correcciones

Esta es una sala que tiene una buena energía.

Un patio bien mantenido

Puede completar el mapa del Bagua

El uso de las velas y las lámparas de decoración es muy
positivo en el Feng Shui.

Feng = El Viento

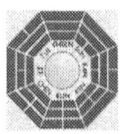

Shui = El Agua

LA OFICINA

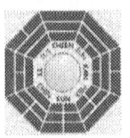

Feng = El Viento

Shui = El Agua

La Oficina

En la oficina de trabajo, usted debe sentarse en una "posición de poder". Es importante que usted pueda ver la puerta, pero no debe sentarse directamente enfrente de ésta. Ser organizado en su oficina es esencial. La energía positiva no puede encontrar su camino a través de montones de papeles.

La puerta de entrada no debe quedar nunca a su espalda. Es una posición muy vulnerable. Si no es posible mover el escritorio, el problema se puede solucionar colgando un espejo en una posición que refleje la puerta.

Feng = El Viento

Shui = El Agua

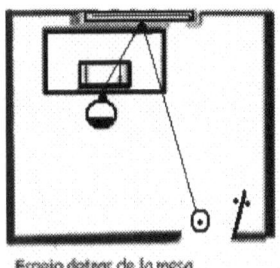

Espejo detras de la mesa

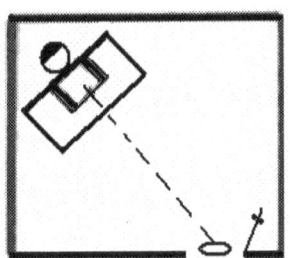

En la oficina, la persona sentada debe tener siempre la espalda "protegida" para no tener "sorpresas".

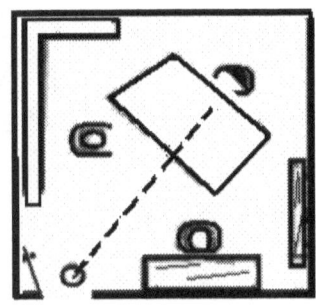

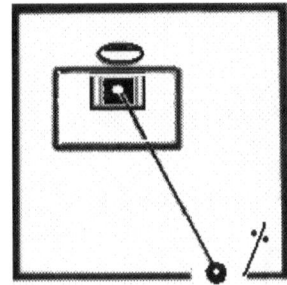

Posición de comando: la mesa y la silla siempre mirando hacia la puerta, teniendo la espalda protegida por la pared.

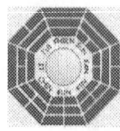

VIGAS

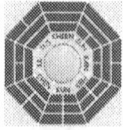

VIGAS

Las vigas en los techos de las casas son populares en la arquitectura y se considera que agregan carácter al ambiente. Pero también pueden agregar un sentido de pesadez sobre la cabeza, sobre todo cuando uno se sienta o duerme directamente debajo de ellas. Lo primero que usted puede hacer es pintar el techo de un mismo color para "nivelarlo". Un colgado de bambúes acanalados con la boca hacia abajo simboliza la energía que fluye para alzar la viga. (/ \)

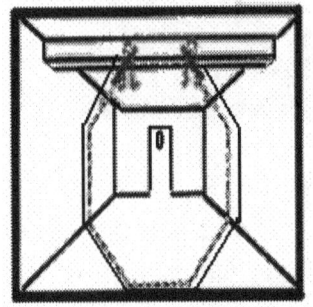 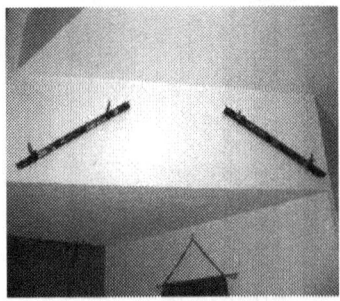

El ritual de las flautas chinas

Problema   Solución

  Antes de la consulta   Después de la consulta

Una viga sobre el lugar donde se sientan las personas es muy opresiva. Para corregir el problema, se pueden colgar unas flautas chinas, o se puede hacer como esta clienta: usar una cortina muy ligera cubriendo la viga.

Otro Ejemplo

La Puerta de entrada

Si la puerta de entrada se encuentra en la dirección de la puerta trasera, o de una ventana, así como la visión entra y sale, lo mismo ocurre con la energía: Entra y sale.

Como solución, se puede hacer una división para bloquear la energía, o colgar un péndulo de la felicidad o un cristal. El ejemplo de arriba es perfecto.

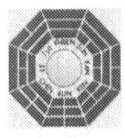

EL QUARTO DE DORMIR

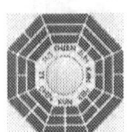

El Cuarto de Dormir

¿Cómo conviene orientar la cama en un dormitorio?

La cabecera de la cama debe ocupar el rincón más alejado de la puerta de entrada y el respaldo debe apoyarse sobre una pared sin aperturas, de modo que usted pueda ver la puerta desde su cama.

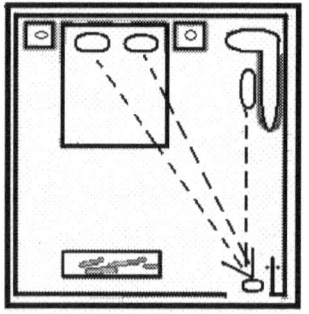 

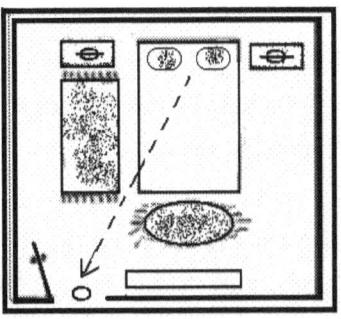

Todas estas posiciones son excelentes— **son posiciones de comando.**

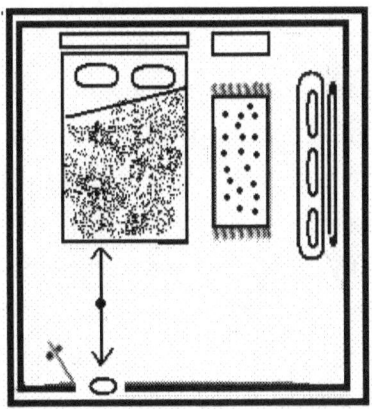

Esta posición de la cama, con los pies en dirección a la puerta, no es buena.
Si no puede arreglarla en otra posición, **cuelgue un cristal** entre la puerta y la cama.

¿Es cierto que la TV en el dormitorio nos absorbe la energía?

Una TV, o un monitor de computadora, emiten mientras funcionan ondas electromagnéticas de baja frecuencia. El efecto de exposiciones prolongadas a estas radiaciones es motivo de preocupación y estudio en muchos países, pues se sospecha que puedan tener efectos nocivos sobre la salud.

Tres metros es una distancia segura para ver TV y uno debería desenchufarla cuando no se está utilizando, ya que si no hay corriente circulante, no hay campos electromagnéticos. Lo que sí absorbe la TV es nuestra atención y en este sentido debe evitarse su presencia donde se quiera estimular la comunicación entre las personas.

En el caso de que no exista otra manera, ponga un cristal para armonizar la energía.

Cuando se ve mucha televisión en el cuarto de dormir, disminuyen las ganas de hacer el amor.

Feng = El Viento

Shui = El Agua

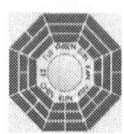

CHIMENEA

LAS VENTANAS

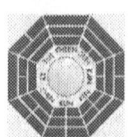

SOLUCIONES
PARA FORMAS

Chimenea Una chimenea es muy hermosa y romántica. Si cuelga un espejo sobre ella, esto ayudará a que se mantenga la energía dentro de la casa, evitando una "pérdida" a través de la chimenea.

Las Ventanas

Si las ventanas son muy largas, siempre es bueno poner plantas delante de ellas —las plantas son la fuerza vital— para que la energía positiva se mantenga dentro de la casa.

Soluciones para algunos problemas

Un árbol muy cerca de la puerta no está en una buena posición, ya que éste absorbe la energía del interior de la casa.

Solución- Ponga una luz entre el árbol y la puerta.

Los árboles y la luz completan la forma de "**U**"

Si usted vive en una casa en forma de U, es posible que haya muchas oportunidades en su vida que usted no esté aprovechando totalmente mientras no haga las correcciones necesarias.

Arriba las correcciones hecho con los árboles e la iluminación.

En una calle con mucho tráfico:

Los árboles entre la calle y la puerta de entrada

Resuelven el problema del ruido y de la energía.

Construcciones altas

Si la casa se encuentra cerca de construcciones más grandes, éstas absorben toda la energía existente en el local.

Solución: coloque un espejo cóncavo mirando hacia la construcción más grande para invertir la energía negativa.

Ejemplos

Una clienta vivía en esta casa, donde ella y su esposo tenían serios problemas de salud, dinero, discusiones entre sí y con sus vecinos, etc. Una amiga le presentó a una consultora de Feng Shui, quien le recomendó poner espejos cóncavos afuera de las ventanas, mirando hacia el bloque de pisos.

La mejora fue tan grande que ellos recibieron una propuesta de una gran empresa para cambiar, no solamente de casa, sino también de ciudad.

Los vecinos que allí se quedaron seguirán con sus problemas, de salud principalmente.

Anteriormente, en esta calle había solamente casas pequeñas, pero debido al progreso, la vida moderna y las ganas de hacer dinero fácil, permitieron la construcción de este edificio.

Uno se siente oprimido simplemente mirándolo ¡Imagínese cómo se sentiría si viviera ahí!

Intersección en forma de T

Si su casa está ubicada al fondo de una intersección en forma de T, esto permite que la energía fluya rápidamente a través de la casa.

Solución: Cuelgue un Baguá o uno espejo sobre la puerta de entrada, mirando hacia la calle.

Feng = El Viento

Shui = El Agua

Feng = El Viento

Shui = El Agua

Feng = El Viento

Shui = El Agua

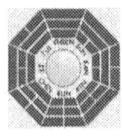

DESORDEM

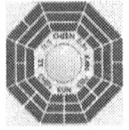

DESORDEN

Lo primero que hay que tener en cuenta es que el desorden no atrae una energía favorable ni beneficiosa.

Una casa o oficina que está en desorden debe, en primer lugar, ser arreglada antes de que se empiecen a hacer las correcciones de Feng Shui. Objetos sin uso o estropeados, así como plantas muertas y secas, deben ser retirados. Lo que uno guarda con el pensamiento de que "esto un día puede serme útil" no atrae buena energía.

Cuando nos presentan al arte de Feng Shui y lo aceptamos en nuestras vidas, esto es como una bienvenida, una oportunidad para recordar algunas de las cosas que nosotros y nuestros antepasados siempre hemos sabido, pero que se pusieron en desuso en estos "tiempos modernos". Si nos acercamos a Feng Shui, empezamos a reconocer verdades de las cuales, de alguna forma, ya teníamos conocimiento. Feng Shui es una manera de apoyar y promover individuos en sus experiencias diarias de la vida.

¿Está usted listo para un arreglo de Feng Shui?

! Si usted está verdaderamente listo para que algunos cambios maravillosos entren en su vida, usted está a punto de descubrir uno de los más sencillos arreglos de Feng Shui — y también uno de los más desafiantes!

Lo primero que me gustaría preguntarle es: En una escala del 1 (mínimo) al 10 (máximo), **¿cómo calificaría usted la cantidad de desorden en su vida?**
¿Su casa y oficina están organizadas? ¿Sus armarios, cajones y locales de trabajo están libres de desorden?

El desorden se presenta de muchas maneras, como en un garaje, un armario, o una pila de revistas que usted no ha tocado en años. Puede ser el mobiliario que usted no usa, o un automóvil o una motocicleta en su garaje que no han funcionado en años. El desorden está hecho de cosas que no sirven para ningún otro propósito en nuestra vida.

El desorden detiene y reduce la velocidad de la energía y crea caos en el ambiente. La energía vibrante positiva no puede entrar en su vida hasta que usted no empiece a reciclar y a librarse de las cosas que ya no le sirven.

La opción es suya, usted puede rodearse de energía vibrante y nutriente, o aferrarse al pasado, sosteniendo las cosas que ya no necesita en su vida. **¿Qué le parece mejor?**

Recuerde, el desorden es para Feng Shui como un automóvil estropeado en una carretera. Es un bloqueo a su progreso! Usted no puede ir adelante hasta que se resuelva el problema.

71

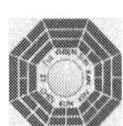

 EL CUARTO DE BAÑO

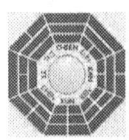

A veces puede ocurrir que una familia tenga problemas de salud o dinero. Trabajan muy duro, ganan dinero, pero les es imposible ahorrar. Sin explicación, están a menudo endeudados. Lo mismo ocurre con la salud: se sienten sin energía, muy cansados, con dolores, sin ninguna razón aparente. La mayor parte del tiempo, el problema está en la situación del baño en la casa. Como siempre, Feng Shui, tiene la medicina para esto.

El cuarto de baño

El baño representa una situación delicada en Feng Shui, donde el agua entra y sale. El agua, la cual es el elemento fundamental de este cuarto, tiene un papel doble. Al mismo tiempo que limpia, el agua es el elemento que representa el dinero en el Feng Shui. Las rutinas diarias del baño requieren que grandes cantidades de agua salgan de la casa!

Este cuarto tiene que ser posicionado con mucho cuidado o las finanzas familiares pueden, literalmente, bajar en el desagüe! El cuarto de baño debe tener mucha luz y ser lo bastante amplio para ser funcional.

En Feng Shui, no es bueno tener el cuarto de baño en el centro de la casa, ya que el dinero y la salud son desperdiciados en esta posición. Es aconsejable que se ponga un espejo en cada una de las cuatro paredes, y también que se cuelgue un espejo grande por fuera de la puerta para elevar la energía.

La posición del retrete tiene una gran importancia para que la energía positiva no escape. No debe estar directamente enfrente de la puerta. Es bueno mantener la puerta del cuarto de baño siempre cerrada, así como la tapa del retrete.

Ejemplos: éste es bueno   **Este no es ideal**

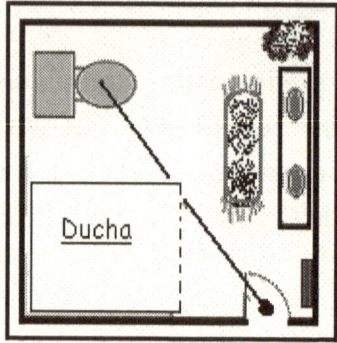

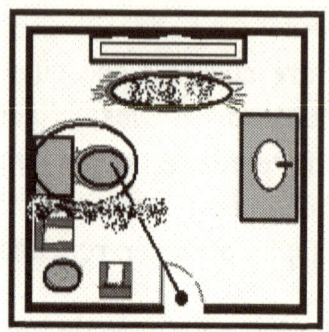

Excelente posicione   **Corrección con una cortina**

El retrete no debe ser visible de la puerta del baño. Para corregir el problema, ponga una cortina o plantas entre la puerta y el retrete.

SOLUCIÓN — El retrete se encuentra detrás de la cortina.

Es necesario mantener el cuarto de baño
siempre bien arreglado.

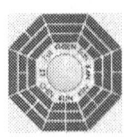

LA COCINA

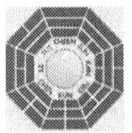

LA COCINA

Una cocina ordenada trae prosperidad. Para Feng Shui la cocina es un espacio sagrado. En una casa donde se come bien, circula la energía positiva.

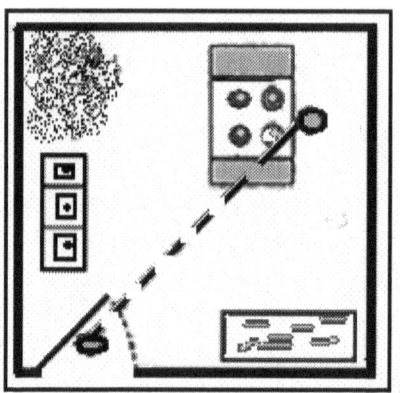

La mejor posición para la estufa es de modo que la persona que cocine esté mirando hacia la puerta.

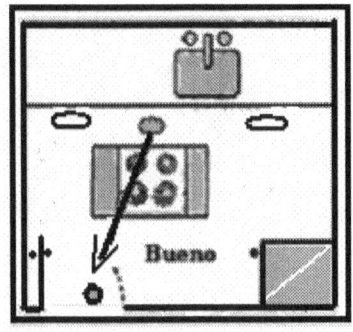

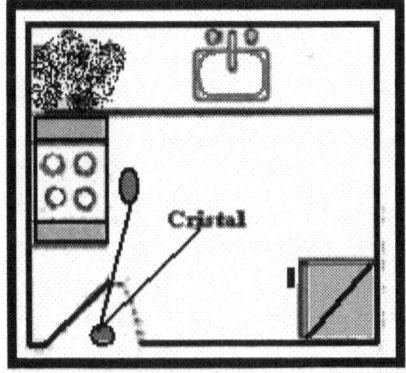

Las plantas son fuerza de vida y son ideales para ponerse entre la estufa y el frigorífico o el lavadero para equilibrar la energía del agua y del fuego.

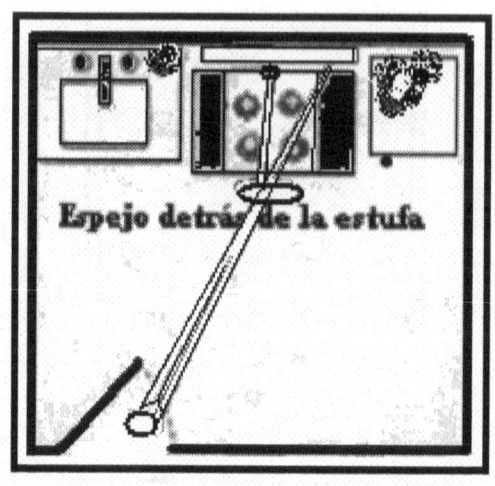

Espejo detrás de la estufa

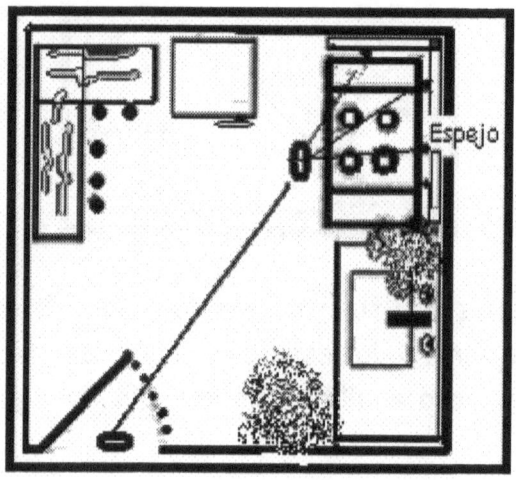

Espejo

Espejo octagonal

Espejo en el rincón, para reflejar la cocina

La Madera representa el estado inicial de las cosas. Es la energía de la Naturaleza, bella y fascinante. Como el Dragón, es fuerte y delicada al mismo tiempo.

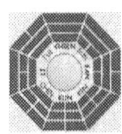

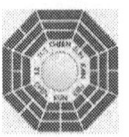

LOS CINCO ELEMENTOS

Los cinco elementos

La interacción de los cinco elementos es fundamental en el Feng Shui.

Los elementos son claves en el uso (práctica) del Feng Shui. Si uno entiende cómo funcionan, el resto es muy fácil. Cada uno de los elementos contiene su propio campo de energía. Cada uno de ellos se transmuta en uno de los otros elementos en el ciclo. Hay dos ciclos: el productivo y el destructivo.

Los cinco elementos son:

Agua, Madera, Fuego, Tierra y Metal.

Según los antiguos estudios chinos, estos cinco elementos actúan entren si, de forma que unos dan vida a otros a la vez que controlan a los siguientes, para que de este modo no exista un descontrol en el crecimiento. Existe, por lo tanto, un orden natural --de madre a hijo a nieto-- y de forma general, podemos decir que el elemento madre genera a su hijo y controla a su nieto.

Mientras se mantiene el orden natural, existe armonía, prosperidad y felicidad.

Feng = El Viento

Shui = El Agua

Es muy importante entender el orden del

Ciclo generador

El agua → La Madera → El fuego → La tierra → El metal → El agua

Esta secuencia de producción se da de la siguiente forma: el agua nutre a las plantas y los árboles, produciendo la madera, la cual a su vez es capaz, por combustión, de producir fuego; este fuego, cuando termina de quemar la madera, genera cenizas que van a formar parte del substrato, produciendo entonces la tierra, donde se encuentran los metales. Por último, la fundición de los metales producirá un elemento líquido, que por equiparación será el agua. Y así se cierra el ciclo. Pero, está claro que, si únicamente se diera este ciclo, la generación de los elementos sería infinita y sin ningún control, por lo que se llegaría a romper el equilibrio.

Aparece, entonces, una nueva interacción entre los cinco elementos. Es el ciclo del control. El ciclo destructivo, a pesar de su nombre, no se ve como algo negativo. Expresa la regeneración

constante a través del cambio, el reciclaje
eterno.

**El agua → El fuego → El metal → La madera
→ La tierra → El agua**

Éste es el resultado de los disturbios provocados
en el orden natural: <u>el agua</u> <u>apaga el fuego</u>, <u>el
fuego es capaz de licuar el metal</u>, <u>el metal rompe
la madera</u>, <u>la madera penetra en la tierra y la
tierra es absorbida por el agua.</u>

Además, se pueden verificar fácilmente excesos
o insuficiencias de determinados elementos, que
provocan la ruptura de la armonía. Cuando, por
ejemplo, hay un exceso del elemento hijo, su
madre se verá acosada por él. También puede
ocurrir que una madre no tenga suficiente energía
para controlar a su hijo. Los dos son casos
parecidos, sin embargo, a la hora de neutralizar y
armonizar, el tratamiento será distinto, pues el
origen del problema así lo exige.

Lo mismo ocurre con el ciclo de control, donde se
puede provocar un exceso de alguno de los
elementos, así como una insuficiencia. La principal
diferencia del ciclo de generación, es que el ciclo
de control es mucho más radical, y requiere una

cura rápida para armonizar el cuanto antes la energía.

Es necesario saber identificar a cuál de los cinco elementos pertenecen los objetos, entornos, etc. para englobarlos, conocer sus características y poder equilibrarlos.

Los elementos→ →	Los objetos tonificadores
Agua→ →→	Pecera, fuente, vidrio
Fuego→ →→	Luces, velas
Tierra→→ →	Piedras, cristales
Madera→→	Plantas, objetos de madera
Metal→→→	Equipos Electrónicos

Los colores de los objetos son más que una cuestión de preferencia. La elección de colores, modelos, texturas y materiales afecta la conducta humana en cualquier ambiente. No es cuestión de saber cuál es el "correcto" al elegir entre un color y otro, sino que ciertos colores ayudan a alcanzar la armonía y el equilibrio y otros crean conflicto y energía discordante.

Los Colores

Los colores son una importante herramienta en Feng Shui y se utilizan como un refuerzo de ch'i (energía). Representan una manera de conectar la energía con los ambientes. Los colores tienen energía propia, son vivos y vibrantes; hablan su propio lenguaje y llevan un mensaje.

Negro   =   Agua y dinero
Rojo   =   Fuego, todo que es favorable
Amarillo=   Tierra, sol y longevidad
Blanco   =   Metal, luto
Verde   =   Madera, primavera, crecimiento
Azul   =   Cielo, ambigüedad

Resoluciones con colores:

Blanco, y Metal — motivan la creatividad.
Gris, y Plata — atraen Los Benefactores y las personas que ayudan.
Negro, Blanca y Azul — ayudan a la carrera profesional.
Azul, Verde y Negro, — profundizan el conocimiento.

Verde Azul y Negra— ayuda a la familia.
Púrpura, y El Oro — estimulan la riqueza.
Rojo, Verde — desarrollan la fama.
Rosado, Rojo, y blanco — mejoran las relaciones.

La moda y Feng Shui

Uno debe vestirse de:
Colores que representan el agua — negro y tonos oscuros — cuando quiere representar seriedad y sensualidad.

Colores de madera — verdes — cuando quiere mostrarse juguetón o refrescante.
Colores de fuego — rojos — cuando quiere atraer y llamar la atención de los otros.
Colores de tierra — tonos de castaño y amarillo — cuando quiere parecer estable, con los pies bien plantados en la tierra.
Colores de metal — metálico, blanco y pasteles — cuando quiere ser elegante y refinado.

El uso de Feng Shui en la moda sugiere que uno primero siga el gusto personal y después identifique lo que quiere transmitir o mostrar.

Use los colores de los elementos de Feng Shui como un velo, una conexión sutil.

El Feng Shui nos enseña a llevar la armonía de la naturaleza a nuestro hogar.

El agua es el elemento que restaura y
conserva nuestra energía.

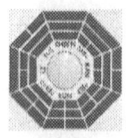

EL INDIVIDUO Y EL UNIVERSO

EJEMPLOS DE COMO MEJORAR LA ENERGIA DE UN LUGAR

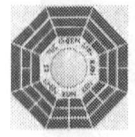

PERGUNTAS FRECUENTES

El Individuo Y
El Universo

El equilibrio armónico entre la energía personal y la energía que nos rodea produce crecimiento en el más amplio sentido de la palabra. Éste se refleja en todos los aspectos de nuestras vidas, como la salud, las relaciones familiares, las de orden afectivo y profesional, y en los negocios.

EJEMPLOS PRÁCTICOS DE CÓMO MEJORAR LA ENERGÍA DE UN LUGAR

1— Deshágase de todo lo viejo que no tiene ningún uso y haga lugar para lo nuevo. Menos es mejor.

2— Mantenga su hogar en orden y con una buena conservación. Evite que las ventanas estén rotas y sucias, ya que son una entrada de energía, son nuestros ojos para el mundo externo.
Elimine las pérdidas de agua, puesto que pueden influir en la pérdida del dinero.

3— La estufa— Uno no debe estar de costado a la puerta al cocinar. Si no es posible cambiar la situación, ponga un espejo detrás de la estufa, reflejando la puerta de entrada de la cocina.

4— La cama— Es importante colocar la cama en una buena posición, de manera que se tenga una visión amplia del cuarto pero, en especial, de la puerta de entrada. Sin embargo, la cama no debe estar directamente enfrente de la puerta.

5— Iluminación— Asegúrese de que todo los cuartos y habitaciones de la casa tengan una buena iluminación, tanto natural como artificial.

Los cambios internos y externos afectan directamente nuestra habilidad para resolver los problemas que se nos presenten a lo largo de nuestra vida. Con estos cambios, las relaciones y los negocios pueden mejorar, y los problemas de salud se pueden estabilizar.

¿Ha entrado alguna vez a una residencia u oficina donde se sintió muy incómodo? o, al contrario, ¿estuvo en lugares que, por alguna razón desconocida, le dieron una sensación de paz?

La explicación está en la ausencia o la existencia de armonía en las líneas de energía. Feng Shui le permite, si usted lo desea, concentrar sus esfuerzos en las energías positivas, en áreas especificas de su vida, como la carrera profesional, la salud, o las relaciones amorosas.

VERA CHAVES
Decoracion
del Interiores

FENG SHUI
Consultant

Preguntas frecuentes

1 — ¿Por qué debo deshacerme de ciertos objetos?
Todo en su casa lleva dos tipos de energía, una energía propia (única) del objeto, y otra que usted vincula a ese objeto, por ejemplo, sus recuerdos relacionados con ese objeto y sus reacciones al objeto. Un cliente tenía un cubrecama de un matrimonio fracasado, el cual le causaba mucho resentimiento y angustia todavía. No era ninguna sorpresa que esta persona no pudiera establecer nuevas relaciones amorosas. Como solución, la consultora de Feng Shui le aconsejó deshacerse del cubrecama lo antes posible. El resultado fue muy positivo.

2 — ¿Qué debe uno hacer con los regalos que no le agradan?
Piense en cómo le afectaría el conservar los regalos que en realidad no le gustan. Teniendo en cuenta la energía negativa que le siguen transmitiendo, yo le aconsejo que los tire, cuanto antes, o que se los regale a otras personas que los disfrutarían más. Solamente cuando uno elige rodearse de las cosas que realmente le gustan (y

quiere) puede convertir su casa en un paraíso personal.

3— ¿Es conveniente tener en la casa o oficina, peceras y fuentes?

Sí, una pecera o una fuente contienen el elemento agua, que representa el dinero en Feng Shui. El flujo del agua simboliza el movimiento del dinero en su vida. Pero recuerde que las peceras y fuentes requieren atención y mantenimiento, y si uno no tiene la disposición necesaria, es preferible no tenerlas.

4 — Dicen que no se debe tener plantas secas y cosas rotas en la casa, ¿es verdad?

Una cosa es un adorno de flores naturales —fuerza de vida— y otra cosa son las flores secas, sin vida, las cuales no traen buena energía a la casa. Las flores de seda, sin embargo, no son un problema.

Asimismo, un objeto roto que nunca se reparó es un obstáculo al flujo de energía positiva. Sin embargo, tener algo viejo reparado, por el valor emocional que tiene para su dueño, no tiene nada de malo.

5 — ¿Cómo puedo armonizar mi casa y oficina?

La armonización de una casa o lugar de trabajo no puede hacerse "por receta". La armonización de **una casa debe ser personalizada.**

6 — ¿Cuál es la "escuela" más conocida?
La forma más tradicional es el llamado "Feng Shui Budista Tántrico Tibetano de la Secta de los Sombreros Negros". El maestro Thomas Lin Yun es su fundador. Esta modalidad se difundió por los Estados Unidos y otros países de América y Europa. Es la más conocida en el Occidente.

Feng = El Viento

Shui = El Agua

Tenga en su casa objetos o mismo las pinturas que representen cada uno de los cinco elementos: Fuego, Tierra, Metal, Agua y Madera.

Mantenga su casa siempre bien pintada y las ventanas siempre limpias. Asegúrese que las lámparas funcionen todas.

La primera energía negativa a corregir es la que está en la puerta principal, la cual debe estar siempre bien limpia. Elimine todo que no deba estar ahí.

A veces es difícil ver lo que está fuera de armonía en nuestra casa. Una buena idea para observar mejor si hay armonía y equilibrio es sacar fotos.

La estufa debe estar siempre limpia y en buen funcionamiento. Use los cuatro quemadores y no solamente uno.

Las mejores mesas son las de forma cuadrada, redonda, oval y octagonal.

En los lugares donde no haya buena iluminación natural usted puede colocar una luz artificial y mantenerla encendida.

Vera

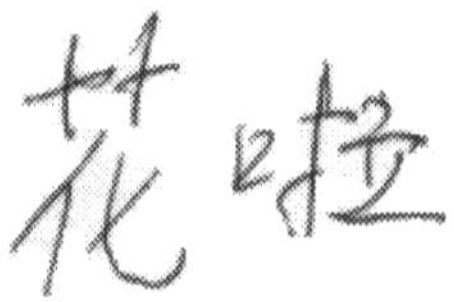

花啦

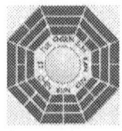

AGRADECIMIENTOS

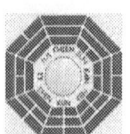

Es necesario que su casa sea bendecida, una vez que usted ha hecho todos los ajustes necesarios del

Feng Shui

Para optimizar todo el trabajo que usted ha hecho, y conseguir un máximo nivel de energía en sus intenciones, debe ser, dicho trabajo, ofrecido a la bondad de un poder superior mas alto, que nos ofrezca una guía positiva.

Mis más sinceras gracias a mi mejor amigo,

TATUI

Sin su ayuda este manual nunca podría haberse realizado.

Maria

Amiga, Guru y La Maestra en el

Idioma Español

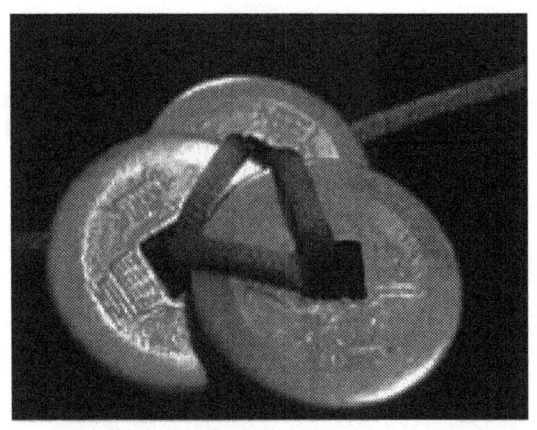

Las fotografías fueron hechas por

Vera Chaves y Bob Oliveir

El, mi Muy Querido Patrocinador,

Amigo Y Compañero

Los diseños por

Vera Chaves

El Camino
El camino natural
Como los flujos de agua
Río abajo,
Ni cese
Ni se resista,
Moviéndose fácilmente
Por el propio camino.
El camino donde esta
La armonía con el
Mundo.
El verdadero camino

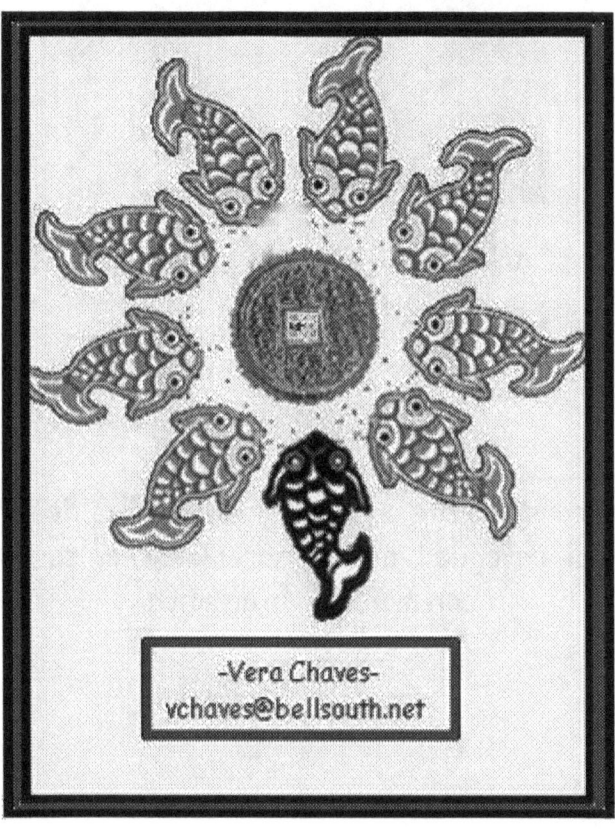

-Vera Chaves-
vchaves@bellsouth.net

Vera Chaves - Nascida in Brasil

Y nietos

Kyle y Lukas

Por consiguiente, siga las orientaciones de este manual, navegue bien (sin maremotos) en su vida y con mucha más armonía.

Cariños

Vera